Melodrama in einem Akt

# CAVALLERIA RUSTICANA

## Pietro Mascagni

Textbuch Italienisch / Deutsch

Libretto von Giovanni Targiono-Tozzetti
und Guido Menasci nach einer Erzählung
von Giovanni Verga

Übersetzt und herausgegeben
von Gregor Böttcher

Mit Zeichnungen von Benedikt Kobel

Wir bedanken uns für die Unterstützung bei Prof. Andreas Henning, Karen Iversen und Jörg Hannemann.





**Autor, Übersetzung und Hintergrundtexte**
Gregor Böttcher, Inhaber von Sapienta
Ungargasse 5/21
1030 Wien

**Illustrationen** Benedikt Kobel
**Layout und Satz** Johanna Sontacchi
**Lektorat** Lucio Golino

**Verlag** BoD · Books on Demand GmbH
Überseering 33, 22297 Hamburg, bod@bod.de
**Druck** Libri Plureos GmbH, Friedensallee 273, 22763 Hamburg

**ISBN:** 978-3-8192-9713-7

Dieses Buch erscheint als Erstausgabe im Jahr 2025.

# Inhaltsverzeichnis

# INHALT

Die Oper spielt an einem Ostermorgen in einem sizilianischen Dorf des 19.Jahrhunderts. Turiddu, der früher mit Lola verlobt war, kehrt nach seinem Militärdienst zurück und stellt fest, dass sie inzwischen mit Alfio verheiratet ist. Daraufhin beginnt er eine Beziehung mit Santuzza, nimmt jedoch heimlich die Affäre mit Lola wieder auf. Santuzza erfährt davon und vertraut sich Alfio an. Alfio fordert Turiddu zum Duell. Dieser bittet seine Mutter, sollte ihm etwas zustoßen, sich um Santuzza zu kümmern und stellt sich dem Kampf. Kurz darauf erreicht die Dorfgemeinschaft die Nachricht von Turiddus Tod.

# SANTUZZA
*(große Solopartie, Dramatischer Sopran oder Dramatischer Mezzosopran)*

Santuzza ist Turiddus Geliebte. Als sie von seiner heimlichen Affäre mit Lola erfährt, leidet sie zutiefst. In ihrer Verzweiflung vertraut sie sich Alfio, Lolas Ehemann, an. Eine Entscheidung, die schließlich zum Duell und zu Turiddus Tod führt. Santuzza ist tief religiös, ernst und emotional verwundbar.

# TURIDDU
*(große Solopartie, Jugendlicher Heldentenor)*

Turiddu ist der Sohn von Mamma Lucia und war einst mit Lola verlobt. Nach seiner Rückkehr vom Militärdienst entdeckt er, dass sie Alfio geheiratet hat. Aus verletztem Stolz wendet er sich Santuzza zu, beginnt jedoch eine Affäre mit Lola. Turiddu ist leidenschaftlich, impulsiv und stolz.

# LUCIA
*(kleine Solopartie, Dramatischer Alt oder Spielalt)*

Mamma Lucia ist Turiddus Mutter und betreibt eine kleine Weinschenke im Dorf. Sie ist eine schlichte, warmherzige Frau, die bemüht ist, Frieden zu wahren und ihr Kind zu schützen. Auch wenn sie in die zentralen Konflikte nicht direkt eingreift, steht sie als stille moralische Instanz im Hintergrund.

# ALFIO
## *(mittlere Solopartie, Heldenbariton oder Charakterbariton)*

Alfio ist Fuhrmann und mit Lola verheiratet. Er tritt als bodenständiger, zufriedener Mann auf. Als er jedoch von der Affäre seiner Frau mit Turiddu erfährt, schlägt sein Wesen in Stolz und Zorn um. Getrieben vom Ehrgefühl reagiert er kompromisslos: Er fordert Turiddu zum Duell und bringt damit die tragische Handlung zu ihrem tödlichen Höhepunkt.

# LOLA
### *(mittlere Solopartie, lyrischer Mezzosopran oder Soubrette)*

Lola ist die Ehefrau des Fuhrmanns Alfio. Ursprünglich war sie mit Turiddu verlobt, entschied sich jedoch für Alfio, während er seinen Militärdienst ableistete. Nach Turiddus Rückkehr ins Dorf beginnen sie eine heimliche Affäre. Lola tritt kokett und provokativ auf und verkörpert die Rolle der Verführerin.

# Libretto

**SICILIANA**

**TURIDDU**
*(a sipario calato)*
O Lola, ch'ai di latti la cammisa
Si bianca e russa comu la cirasa
Quannu t'affacci fai la vucca a risa
Biato cui ti dà lu primu vasu


Ntra la porta tua lu sangu è sparsu
E nun me mporta si ce muoru accisu
E s'iddu muoru e vaju mparadisu
Si nun ce truovo a ttia,
  mancu ce trasu.

**SICILIANA**

**TURIDDU**
*(bei geschlossenem Vorhang)*
O Lola, die du ein Gewand aus Milch
  trägst[1]
So weiß und rot wie die Kirsche
Wenn du dich zeigst, machst du
  deinen Mund zu einem Lächeln
Glücklich ist, wer dir den ersten
  Kuss gibt.

Hinter deiner Tür ist Blut vergossen
  worden[2]
Und es ist mir egal, ob ich getötet
  werde
Und wenn ich sterbe und in den
  Himmel gehe
Wenn ich dich dort nicht finde,
  trete ich nicht ein.

---

[1] Gewand aus Milch = helle Haut
[2] Hinter der Tür, wo du jetzt wohnst, hast du deine Jungfräulichkeit verloren.

<table>
<tr><td>

**CORO D'INTRODUZIONE**

DONNE *(di dentro)*
Gli aranci olezzano
Sui verdi margini,
Cantan le allodole
Tra i mirti in fior.

Tempo è si mormori
Da ognuno il tenero
Canto che i palpiti
Raddoppia al cor.

*(Le donne entrano in scena.)*

UOMINI *(di dentro)*
In mezzo al campo
  tra le spiche d'oro
Giunge il rumor
  delle vostre spole.

Noi stanchi
  riposando dal lavoro
A voi pensiam,
  o belle occhi-di-sole.

O belle occhi-di-sole,
  a voi corriamo
Come vola l'augello
  al suo richiamo.

*(Gli uomini entrano in scena.)*

DONNE
Cessin le rustiche opre:
La Vergine
  serena allietasi
  del Salvator.
Tempo è si mormori
  da ognuno il tenero
  canto che i palpiti
  raddoppia al cor.

*(Il coro attraversa la scena ed esce.)*

</td><td>

**EINLEITUNGSCHOR**

FRAUEN *(von innen)*
Die Orangenbäume duften
An den grünen Säumen,
Die Lerchen singen
Zwischen den blühenden Myrten.

Es ist Zeit, dass jeder
Das zarte Lied murmelt,
Das die Herzschläge
Verdoppelt in der Brust.

*(Die Frauen treten auf.)*

MÄNNER *(von innen)*
Mitten auf dem Feld
  zwischen den goldenen Ähren
Dringt der Klang
  eurer Webschiffchen.

Wir Müden
  ruhen uns von der Arbeit aus
Und denken an euch,
  oh schöne Sonnenaugen.

Oh schöne Sonnenaugen,
  zu euch eilen wir
Wie der Vogel fliegt
  zu seinem Ruf.

*(Die Männer treten auf.)*

FRAUEN
Die ländlichen Arbeiten sollen enden:
Die Jungfrau
  erfreut sich heiter
  über den Erlöser.
Es ist Zeit, dass jeder
  das zarte Lied murmelt,
  das die Herzschläge
  verdoppelt in der Brust.

*(Der Chor überquert die Bühne und
  geht ab.)*

</td></tr>
</table>

| | |
|---|---|
| **SCENA E SORTITA D'ALFIO** | **SZENE UND AUFTRITT ALFIOS** |

SANTUZZA (*entrando*)
Dite, mamma Lucia…

LUCIA (*sorpresa*)
Sei tu? Che vuoi?

SANTUZZA
Turiddu ov'è?

LUCIA
Fin qui vieni a cercare
Il figlio mio?

SANTUZZA
Voglio saper soltanto,
Perdonatemi voi,
  dove trovarlo.

LUCIA
Non lo so,
non lo so,
Non voglio brighe!

SANTUZZA
Mamma Lucia,
  vi supplico piangendo,
Fate come il Signore a Maddalena,
Ditemi per pietà dov'è Turiddu?

LUCIA
È andato per il vino
  a Francofonte.

SANTUZZA
No! l'han visto in paese
  ad alta notte.

LUCIA
Che dici?
Se non è tornato a casa!

(*avviandosi verso l'uscio di casa*)

Entra!

---

SANTUZZA (*betritt die Szene*)
Sagen Sie, Mamma Lucia…

LUCIA (*überrascht*)
Bist du es? Was willst du?

SANTUZZA
Wo ist Turiddu?

LUCIA
Bis hierher kommst du, um
  zu suchen
Meinen Sohn?

SANTUZZA
Ich möchte nur wissen,
Verzeihen Sie mir,
  wo ich ihn finden kann.

LUCIA
Ich weiß es nicht,
ich weiß es nicht,
Ich will keine Schwierigkeiten!

SANTUZZA
Mama Lucia,
  ich flehe euch weinend an,
Tut wie der Herr zu Magdalena,
Sagt mir bitte, wo Turiddu ist?

LUCIA
Er ist zum Weinholen gegangen,
  nach Francofonte.

SANTUZZA
Nein! Ich habe ihn im Dorf gesehen
  in der späten Nacht.

LUCIA
Was redest du?
Er ist doch nicht nach Hause
  gekommen!

(*geht zur Tür des Hauses*)

Komm herein!

SANTUZZA *(disperata)*
Non posso entrare in casa vostra.
Sono scomunicata!

LUCIA
E che ne sai
  del mio figliolo?

SANTUZZA
Quale spina ho in core!

*(Entrano Alfio e Coro.)*

ALFIO
Il cavallo scalpita,
I sonagli squillano,
Schiocca la frusta. Ehi là!
Soffi il vento gelido,
Cada l'acqua o nevichi,
A me che cosa fa?

CORO
O che bel mestiere
Fare il carrettiere
Andar di qua e di là!

ALFIO
M'aspetta a casa Lola
Che m'ama e mi consola,
Ch'è tutta fedeltà.
Il cavallo scalpiti,
I sonagli squillino,
E Pasqua, ed io son qua!


## SCENA E PREGHIERA

LUCIA
Beato voi, compar Alfio,
  che siete sempre allegro così!

ALFIO
Mamma Lucia,
n'avete ancora
  di quel vecchio vino?

---

SANTUZZA *(verzweifelt)*
Ich kann nicht in euer Haus eintreten.
Ich bin exkommuniziert!

LUCIA
Und was weißt du
  von meinem Sohn?

SANTUZZA
Welch Dorn habe ich im Herzen!

*(Alfio und Chor treten ein.)*

ALFIO
Das Pferd scharrt,
Die Glöckchen erschallen,
Die Peitsche knallt. Hallo!
Möge der kalte Wind wehen,
Möge es regnen oder schneien,
Was macht das mir schon aus?

CHOR
Oh, was für ein schönes Handwerk,
Karrenführer zu sein,
Von hier nach dort zu ziehen!

ALFIO
Zu Hause wartet Lola auf mich,
Die mich liebt und mich tröstet,
Die ganz Treu ist.
Das Pferd möge scharren,
Die Glöckchen mögen erschallen,
Es ist Ostern, und ich bin hier!


## SZENE UND GEBET

LUCIA
Gesegnet seid ihr, Nachbar Alfio,
  dass ihr immer so fröhlich seid!

ALFIO
Mamma Lucia,
habt ihr noch
  von jenem alten Wein?

**LUCIA**
Non so; Turiddu è andato
  a provvederne.

**ALFIO**
Se è sempre qui!
L'ho visto stamattina
  vicino a casa mia.

**LUCIA** *(sorpresa)*
Come?

**SANTUZZA** *(rapidamente)*
Tacete.

*(Dalla chiesa odesi intonare l'Alleluja.)*

**ALFIO**
Io me ne vado,
  ite voi altre in chiesa.
*(esce)*

**CORO** *(interno della chiesa)*
Regina coeli laetare.
  Alleluja!
Quia quem meruisti portare.
  Alleluja!
Resurrexit sicut dixit.
  Alleluja!

**SANTUZZA, LUCIA E CORO** *(esterno)*
Inneggiamo,
  il Signor non è morto,
Ei fulgente
  ha dischiuso l'avel,
Inneggiamo
  al Signore risorto
Oggi asceso
  alla gloria del ciel!

**CORO** *(interno della chiesa):*
Ora pro nobis Deum.
  Alleluja!
Gaude et laetare, Virgo Maria.
  Alleluja!
Quia surrexit Dominus vere.
  Alleluja!

**LUCIA**
Ich weiß es nicht; Turiddu ist gegangen,
  um welchen zu besorgen.

**ALFIO**
Er ist immer noch da!
Ich habe ihn heute Morgen
  in der Nähe meines Hauses gesehen.

**LUCIA** *(überrascht)*
Wie?

**SANTUZZA** *(schnell)*
Schweigt.

*(Aus der Kirche hört man das
  Halleluja erklingen.)*

**ALFIO**
Ich gehe jetzt,
  geht ihr anderen in die Kirche.
*(geht ab)*

**CHOR** *(innerhalb der Kirche)*
Königin des Himmels, freue dich.
  Halleluja!
Denn den du verdient hast zu tragen.
  Halleluja!
Er ist auferstanden, wie er gesagt hat.
  Halleluja!

**SANTUZZA, LUCIA UND CHOR** *(von außen)*
Lasset uns loben,
  der Herr ist nicht tot,
Er hat strahlend
  das Grab geöffnet,
Lasset uns loben
  den auferstandenen Herrn
Heute aufgefahren
  in die Herrlichkeit des Himmels!

**CHOR** *(innerhalb der Kirche):*
Bitte für uns zu Gott.
  Halleluja!
Freue dich und frohlocke,
  Jungfrau Maria. Halleluja!
Denn der Herr ist wahrhaft
  auferstanden. Halleluja!

*(Tutti entrano in chiesa tranne
  Santuzza e Lucia.)*

**LUCIA**
Perché m'hai fatto
  segno di tacere?


### ROMANZA E SCENA

**SANTUZZA**
Voi lo sapete, o mamma,
  prima d'andar soldato
Turiddu aveva a Lola
  eterna fè giurato.

Tornò,
  la seppe sposa;
E con un nuovo amore
  volle spegner la fiamma
  che gli bruciava il core:
M'amò, l'amai.

Quell'invida d'ogni delizia mia,
  del suo sposo dimentica,
  arse di gelosia...
Me l'ha rapito.

Priva dell'onor mio rimango:
Lola e Turiddu s'amano,
Io piango, io piango!

**LUCIA**
Miscri noi,
Che cosa vieni a dirmi
  in questo santo giorno?

**SANTUZZA**
Io son dannata.
Andate o mamma,
  ad implorare Iddio
  e pregate per me.
Verrà Turiddu,
Vo' supplicarlo
  un'altra volta ancora!

*(Alle gehen in die Kirche außer
  Santuzza und Lucia.)*

**LUCIA**
Warum hast du mir
  Zeichen zum Schweigen gegeben?


### ROMANZE UND SZENE

**SANTUZZA**
Ihr wisst es, o Mutter,
  bevor er Soldat wurde,[3]
Hatte Turiddu Lola
  ewige Treue geschworen.

Er kehrte zurück,
  erfuhr, dass sie verheiratet war;
Und mit einer neuen Liebe
  wollte er die Flamme löschen,
  wie ihm das Herz verbrannte:
Er liebte mich, ich liebte ihn.

Diese, neidisch auf jeden meiner
  Glücksmomente,
  ihren Ehemann vergessend,
  brannte vor Eifersucht...
Sie hat ihn mir geraubt.

Ich bleibe ohne meine Ehre zurück:
Lola und Turiddu lieben sich,
Ich weine, ich weine!

**LUCIA**
Wir Armen,
Was kommst du mir zu sagen'
  an diesem heiligen Tag?

**SANTUZZA**
Ich bin verdammt.
Geht, o Mutter,
  um Gott anzuflehen,
  und betet für mich.
Turiddu wird kommen,
Ich will ihn bitten,
  noch ein weiteres Mal!

---

[3] Der Militärdienst dauerte im Königreich Italien Ende des 19. Jahrhunderts 24 Monate.

LUCIA *(avvicinandosi alla chiesa)*
Aiutatela voi,
Santa Maria!

*(Esce.)*


## DUETTO (SANTUZZA E TURIDDU)

TURIDDU *(entrando)*
Tu qui, Santuzza?

SANTUZZA
Qui t'aspettavo.

TURIDDU
È Pasqua,
   in chiesa non vai?

SANTUZZA
Non vo.
Debbo parlarti...

TURIDDU
Mamma cercavo.

SANTUZZA
Debbo parlarti...

TURIDDU
Qui no! Qui no!

SANTUZZA
Dove sei stato?

TURIDDU
Che vuoi tu dire?
A Francofonte!

SANTUZZA
No, non è ver!

TURIDDU
Santuzza, credimi...

LUCIA *(sich der Kirche nähernd)*
Helft ihr,
Heilige Maria!

*(Sie geht hinaus.)*


## DUETT (SANTUZZA E TURIDDU)

TURIDDU *(hereintretend)*
Du hier, Santuzza?

SANTUZZA
Hier habe ich auf dich gewartet.

TURIDDU
Es ist Ostern,
   gehst du nicht in die Kirche?

SANTUZZA
Nein, ich gehe nicht.
Ich muss mit dir sprechen...

TURIDDU
Ich suche meine Mutter.

SANTUZZA
Ich muss mit dir sprechen...

TURIDDU
Nicht hier! Nicht hier!

SANTUZZA
Wo bist du gewesen?

TURIDDU
Was willst du sagen?
In Francofonte!

SANTUZZA
Nein, das ist nicht wahr!

TURIDDU
Santuzza, glaub mir...

SANTUZZA
No, non mentire;
Ti vidi volgere
   giù dal sentier...
E stamattina, all'alba,
   t'hanno scorto
   presso l'uscio di Lola.

SANTUZZA
Nein, lüge nicht;
Ich sah dich abbiegen
   vom Pfad hinunter...
Und heute Morgen bei Sonnenaufgang,
   hat man dich gesehen
   nahe Lolas Tür.

TURIDDU
Ah! mi hai spiato?

TURIDDU
Ah! Du hast mich bespitzelt?

SANTUZZA
No! Te lo giuro.
A noi l'ha raccontato
   compar Alfio,
   il marito, poco fa.

SANTUZZA
Nein! Ich schwöre es dir.
Es hat uns erzählt
   Nachbar Alfio,
   der Ehemann, vor kurzem.

TURIDDU
Cosi ricambi
   l'amor che ti porto?
Vuoi che m'uccida?

TURIDDU
So erwiderst du
   die Liebe, die ich dir schenke?
Willst du, dass ich mich umbringe?

SANTUZZA
Oh! questo non lo dire.

SANTUZZA
Oh! Sag das nicht.

TURIDDU
Lasciami dunque, lasciami,
   invan tenti sopire
   il giusto sdegno
   colla tua pietà.

TURIDDU
Lass mich also, lass mich,
   vergebens versuchst du
   den gerechten Zorn
   mit deinem Mitleid zu stillen.

SANTUZZA
Tu l'ami dunque?

SANTUZZA
Liebst du sie also?

TURIDDU
No!

TURIDDU
Nein...

SANTUZZA
Assai più bella è Lola.

SANTUZZA
Viel schöner ist Lola.

TURIDDU
Taci, non l'amo.

TURIDDU
Schweig, ich liebe sie nicht.

SANTUZZA
L'ami, l'ami...
Oh! maledetta!

SANTUZZA
Du liebst sie...
Oh! Verfluchte!

TURIDDU
Santuzza!

SANTUZZA
Quella cattiva femmina
  ti tolse a me!

TURIDDU
Bada, Santuzza,
  schiavo non sono
  di questa vana
  tua gelosia!

SANTUZZA
Battimi, insultami,
  t'amo e perdono,
  ma è troppo forte
  l'angoscia mia.

TURIDDU
Santuzza!

SANTUZZA
Jenes böse Weib
  hat dich mir genommen!

TURIDDU
Pass auf, Santuzza,
  ich bin kein Sklave
  deiner eitlen
  Eifersucht!

SANTUZZA
Schlag mich, beleidige mich,
  ich liebe dich und vergebe dir,
  aber zu stark ist
  mein Schmerz.


## STORNELLO DI LOLA

LOLA *(dentro alla scena)*
Fior di giaggiolo,
Gli angeli belli
  stanno a mille in cielo,
Ma bello come lui
  ce n'è uno solo.

*(entra in scena e s'interrompe)*

Oh! Turiddu,
  è passato Alfio?

TURIDDU
Son giunto ora in piazza.
Non so.

LOLA
Forse è rimasto
  dal maniscalco,
  ma non può tardare.
*(ironica)*
E voi
  sentite le funzioni in piazza?

## LOLAS LIED

LOLA *(hinter der Szene)*
Blume der Schwertlilie,
Die schönen Engel
  sind zu Tausenden im Himmel,
Doch so schön wie er
  gibt es nur einen.

*(tritt in die Szene und unterbricht sich)*

Oh! Turiddu,
  ist Alfio vorbeigekommen?

TURIDDU
Ich bin gerade erst auf dem Platz
  angekommen.
Ich weiß es nicht.

LOLA
Vielleicht ist er geblieben
  beim Hufschmied,
  aber er kann sich nicht verspäten.
*(ironisch)*
Und ihr
  hört den Gottesdienst auf dem Platz?

TURIDDU *(confuso, affrettato)*
Santuzza mi narrava...

SANTUZZA *(con forza)*
Gli dicevo che oggi è Pasqua
  e il Signor vede ogni cosa!

LOLA
Non venite alla messa?

SANTUZZA
Io no, ci deve andar chi sa
  di non aver peccato.

LOLA
Io ringrazio il Signore
  e bacio in terra.

SANTUZZA *(ironica)*
Oh! Fate bene, Lola!

TURIDDU *(a Lola)*
Andiamo, andiamo...
Qui non abbiam che fare.

LOLA *(ironica)*
Oh! rimanete...

SANTUZZA *(a Turiddu)*
Sì, resta, resta,
  ho da parlarti ancora!

LOLA
E v'assista il Signore.
Io me ne vado.
*(Entra in chiesa.)*


**SEGUITO DEL DUETTO**

TURIDDU *(irato)*
Ah! lo vedi,
  che hai tu detto...?

SANTUZZA
L'hai voluto e ben ti sta.

TURIDDU *(bestürzt, hastig)*
Santuzza erzählte mir...

SANTUZZA *(con forza)*
Ich sagte ihm, dass heute Ostern ist
  und der Herr sieht alles!

LOLA
Kommt ihr nicht zur Messe?

SANTUZZA
Ich nicht, es soll gehen, wer weiß,
  dass er nicht gesündigt hat.

LOLA
Ich danke dem Herrn
  und küsse den Boden.

SANTUZZA *(ironisch)*
Oh, das macht ihr gut, Lola!

TURIDDU *(zu Lola)*
Gehen wir, gehen wir...
Hier haben wir nichts zu tun.

LOLA *(ironisch)*
Oh! Bleibt doch!

SANTUZZA *(zu Turiddu)*
Ja, bleib, bleib,
  ich habe noch mit dir zu reden!

LOLA
Und der Herr möge euch beistehen.
Ich gehe.
*(Sie tritt in die Kirche ein.)*


**FORTSETZUNG DES DUETTS**

TURIDDU *(zornig)*
Ah! Sieh,
  was hast du gesagt...?

SANTUZZA
Du wolltest es und es geschieht dir recht.

TURIDDU *(le s'avventa)*
Ah! per Dio!

SANTUZZA
Squarciami il petto!

TURIDDU *(s'avvia)*
No!

SANTUZZA *(trattenendolo)*
Turiddu, ascolta!

TURIDDU
Va!

SANTUZZA
No, no, Turiddu,
 rimani ancora.
Abbandonarmi
 dunque tu vuoi?

TURIDDU
Perché seguirmi?
Perché spiarmi
 sul limitare fin della chiesa?

SANTUZZA
La tua Santuzza
 piange e t'implora;
Come cacciarla
 così tu puoi?

TURIDDU
Va, ti ripeto
 va non tediarmi.
Pentirsi è vano
 dopo l'offesa!

SANTUZZA *(minacciosa)*
Bada!

TURIDDU
Dell'ira tua non mi curo!

*(La getta a terra e fugge in chiesa.)*

TURIDDU *(er stürzt sich auf sie)*
Ah! Bei Gott!

SANTUZZA
Zerreiß mir die Brust!

TURIDDU *(er wendet sich ab)*
Nein!

SANTUZZA *(ihn zurückhaltend)*
Turiddu, hör zu!

TURIDDU
Geh!

SANTUZZA
Nein, nein, Turiddu,
 bleib noch.
Mich verlassen
 willst du das wirklich?

TURIDDU
Warum folgst du mir?
Warum spionierst du mich aus
 bis an die Schwelle der Kirche?

SANTUZZA
Deine Santuzza
 weint und fleht dich an;
Wie kannst du sie
 so vertreiben?

TURIDDU
Geh, ich sage es dir erneut,
 geh und belästige mich nicht.
Bereuen ist vergeblich
 nach der Beleidigung!

SANTUZZA *(drohend)*
Hüte dich!

TURIDDU
Deine Wut kümmert mich nicht!

*(Er stößt sie zu Boden und flieht in die
 Kirche.)*

SANTUZZA *(nel colmo dell'ira)*
A te la mala Pasqua, spergiuro!

*(Cade affranta ed angosciata.)*


**DUETTO (SANTUZZA ED ALFIO)**

*(Sorte Alfio e s'incontra con Santuzza.)*

SANTUZZA
Oh!
Il Signore vi manda, compar Alfio.

ALFIO
A che punto è la messa?

SANTUZZA
E tardi ormai,
  ma per voi
    Lola è andata con Turiddu!

ALFIO *(sorpreso)*
Che avete detto?

SANTUZZA
Che mentre correte
  all'acqua e al vento
    a guadagnarvi il pane,
Lola v'adorna il tetto
  in malo modo!

ALFIO
Ah! Nel nome di Dio,
Santa, che dite?

SANTUZZA
Il ver.
Turiddu mi tolse l'onore
E vostra moglie
  lui rapiva a me!

ALFIO
Se voi mentite,
  vo' schiantarvi il core!

**DUETT (SANTUZZA UND ALFIO)**

*(Alfio tritt auf und begegnet Santuzza.)*

SANTUZZA
Oh!
Der Herr sendet Euch, Nachbar Alfio.

ALFIO
Wie weit ist die Messe fortgeschritten?

SANTUZZA
Es ist schon spät,
  aber für Euch
    ist Lola mit Turiddu gegangen!

ALFIO *(überrascht)*
Was habt Ihr gesagt?

SANTUZZA
Dass während Ihr hinausgeht
  zu Wasser und Wind
    um Euer Brot zu verdienen,
Lola (schmückt) Euer Dach
  auf üble Weise schmückt![4]

ALFIO
Ah! Im Namen Gottes,
Santa, was sagt Ihr?

SANTUZZA
Die Wahrheit.
Turiddu nahm mir die Ehre,
Und Eure Frau
  nahm ihn mir weg!

ALFIO
Wenn Ihr lügt,
  will ich Euer Herz zerreißen!

---

[4] Diese Ausdrucksweise wird meistens in Kombination mit dem Handzeichen der Hörner (Mano cornuta) verwendet und bedeutet, dass dein*e Partner*in dich betrügt.

**SANTUZZA**
Uso a mentire
  il labbro mio non è!
Per la vergogna mia,
  pel mio dolore
La trista verità
  vi dissi, ahimè!

**ALFIO**
Comare Santa,
  allor grato vi sono.

**SANTUZZA**
Infame io son
  che vi parlai cosi!

**ALFIO**
Infami loro!
Ad essi non perdono.
Vendetta avrò
  pria che tramonti il di.
Io sangue voglio.
All'ira m'abbandono.
In odio tutto l'amor mio finì.

**SANTUZZA**
Gewöhnt zu lügen
  sind meine Lippen nicht!
Wegen meiner Schande,
  wegen meines Schmerzes
sagte ich Euch die traurige Wahrheit
  (sagte ich Euch), ach!

**ALFIO**
Nachbarin Santa,
  dann bin ich Euch dankbar.

**SANTUZZA**
Eine Ehrlose bin ich,
  weil ich so zu Euch sprach!

**ALFIO**
Ehrlos sind sie!
Ihnen vergebe ich nicht.
Rache werde ich nehmen
  bevor der Tag vergeht.
Ich will Blut.
Dem Zorn gebe ich mich hin.
Im Hass ist all meine Liebe zu Ende
  gegangen.


## SCENA CORO E BRINDISI

**UOMINI**
A casa, a casa, amici,
  ove ci aspettano le nostre donne,
  andiam.
Or che letizia rasserena gli animi
  senza indugio corriam.

**DONNE**
A casa, a casa, amiche,
  ove ci aspettano i nostri sposi,
  andiam.
Or che letizia rasserena gli animi
  senza indugio corriam.

*(Il coro si avvia.)*

## CHORSZENE UND TRINKSPRUCH

**MÄNNER**
Nach Hause, nach Hause, Freunde,
  wo uns unsere Frauen erwarten,
  gehen wir.
Jetzt, da Freude die Gemüter aufheitert,
  eilen wir ohne Zögern.

**FRAUEN**
Nach Hause, nach Hause, Freundinnen,
  wo uns unsere Ehemänner erwarten,
  gehen wir.
Jetzt, da Freude die Gemüter aufheitert,
  eilen wir ohne Zögern.

*(Der Chor geht ab.)*

TURIDDU *(a Lola che s'avvia)*
Comare Lola,
  ve ne andate via
  senza nemmeno salutare?

LOLA
Vado a casa:
Non ho visto compar Alfio!

TURIDDU
Non ci pensate,
  verrà in piazza.

*(al Coro)*
Intanto amici, qua.
Beviamone un bicchiere.
Viva il vino spumeggiante
  nel bicchiere scintillante,
Come il riso dell'amante
  mite infonde il giubilo!
Viva il vino chè sincero
  che ci allieta ogni pensiero,
E che affoga l'umor nero
  nell'ebbrezza tenera.

CORO
*(Si ripete il brindisi.)*

TURIDDU *(a Lola)*
Ai vostri amori!
*(beve)*

LOLA *(a Turiddu)*
Alla fortuna vostra!
*(beve)*

TURIDDU
Beviam!

CORO
Beviam!
Rinnovisi la giostra!
Viva il vin!

*(Entra Alfio.)*

TURIDDU *(zu Lola, die sich entfernt)*
Nachbarin Lola,
  geht Ihr fort,
  ohne euch zu verabschieden?

LOLA
Ich gehe nach Hause:
Ich habe Geselle Alfio nicht gesehen!

TURIDDU
Denkt nicht daran,
  er wird auf den Platz kommen.

*(zum Chor)*
Inzwischen, Freunde, hier.
Lasst uns ein Glas trinken.
Hoch lebe der sprudelnde Wein
  im funkelnden Glas,
Wie das Lachen der Geliebten,
  sanft erfüllt er uns mit Freude!
Hoch lebe der Wein, der ehrlich ist,
  der jeden Gedanken erhellt,
Und der die Schwermut ertränkt
  in sanfter Trunkenheit.

CHOR
*(Der Trinkspruch wird wiederholt.)*

TURIDDU *(zu Lola)*
Auf Eure Liebe!?
*(trinkt)*

LOLA *(zu Turiddu)*
Auf euer Glück!
*(trinkt)*

TURIDDU
Trinken wir!

CHOR
Trinken wir!
Noch eine Runde!
Hoch lebe der Wein!

*(Alfio tritt ein.)*

**FINALE**

**ALFIO**
A voi tutti salute.

**CORO**
Compar Alfio, salute.

**TURIDDU**
Benvenuto!
Con noi dovete bere.
*(empie un bicchiere)*
Ecco, pieno è il bicchiere.

**ALFIO**
*(troncando e respingendolo)*
Grazie, ma il vostro vino
  io non l'accetto.
Diverrebbe veleno
  entro il mio petto.

**TURIDDU**
*(getta il vino)*
A piacer vostro!

**LOLA**
Ahimè, che mai sarà?

**ALCUNE DONNE** *(a Lola)*
Comare Lola,
  andiamo via di qua.

*(Tutte le donne escono conducendo
  Lola.)*

**TURIDDU**
Avete altro a dirmi?

**ALFIO**
Io? Nulla!

**TURIDDU**
Allora sono agli ordini vostri.

**ALFIO**
Or ora?

**FINALE**

**ALFIO**
Euch allen Gesundheit!

**CHOR**
Kamerad Alfio, Gesundheit.

**TURIDDU**
Willkommen!
Mit uns müsst Ihr trinken.
*(füllt ein Glas)*
Hier, das Glas ist voll.

**ALFIO**
*(unterbrechend und zurückweisend)*
Danke, aber Euren Wein
  nehme ich nicht an.
Er würde zu Gift
  in meiner Brust werden.

**TURIDDU**
*(er schüttet den Wein weg)*
Wie Ihr wollt!

**LOLA**
Ach, was wird geschehen?

**EINIGE FRAUEN** *(zu Lola)*
Nachbarin Lola,
  lass uns hier weggehen.

*(Alle Frauen verlassen den Ort und
  führen Lola mit sich.)*

**TURIDDU**
Habt Ihr mir noch etwas zu sagen?

**ALFIO**
Ich? Nichts!

**TURIDDU**
Dann stehe ich Euch zu Diensten.

**ALFIO**
Jetzt sofort?

TURIDDU
Or ora!

(*Alfio e Turiddu si abbracciano. Turiddu
   morde l'orecchio destro di Alfio.*)

ALFIO
Compar Turiddu,
   avete morso a buono.
(*con intenzione*)
C'intenderemo bene,
   a quel che pare!

TURIDDU
Compar Alfio!
Lo so che il torto è mio:
E ve lo giuro
   nel nome di Dio
   che al par d'un cane
   mi farei sgozzar.
Ma, s'io non vivo,
   resta abbandonata...
   povera Santa!
Lei che mi s'è data.
(*con impeto*)
Vi saprò in core
   il ferro mio piantar!

ALFIO
(*freddamente*)
Compare,
   fate come più vi piace.
Io v'aspetto qui fuori
   dietro l'orto.

(*Esce.*)

TURIDDU
Jetzt sofort!

(*Alfio und Turiddu umarmen sich.
   Turiddu beißt Alfio ins rechte Ohr.*[5])

ALFIO
Kamerad Turiddu,
   ihr habt kräftig zugebissen.
(*mit Bedeutung*)
Wir werden uns gut verstehen,
   wie es scheint!

TURIDDU
Kamerad Alfio!
Ich weiß, dass ich im Unrecht bin:
Und ich schwöre es Euch
   im Namen Gottes
   dass ich mich wie ein Hund
   schlachten lassen würde.
Aber, wenn ich nicht überlebe,
   bleibt verlassen...
   arme Santa!
Sie, die sich mir hingegeben hat.
(*mit Nachdruck*)
Ich werde Euch in die Brust
   mein Messer stoßen!

ALFIO
(*kaltblütig*)
Kamerad,
   macht, was Ihr wollt.
Ich warte draußen auf Euch
hinter dem Garten.

(*Er geht ab.*)

---

[5] In bestimmten sizilianischen Traditionen galt der Biss ins rechte Ohr als stumme, aber
unmissverständliche Herausforderung zu einem Duell auf Leben und Tod.

**LUCIA E TURIDDU**

TURIDDU
Mamma,
  quel vino è generoso,
  e certo
  oggi troppi bicchieri
  ne ho tracannati.
Vado fuori all'aperto.
Ma prima voglio
  che mi benedite
  come quel giorno
  che partii soldato.
E poi, mamma, sentite:
S'io non tornassi...
Voi dovrete fare
  da madre a Santa,
  ch'io le avea giurato
  di condurla all'altare.

LUCIA
Perché parli così, figliuol mio?

TURIDDU
Oh! nulla!
È il vino che mi ha suggerito!
Per me pregate Iddio!
Un bacio, mamma, un altro bacio
  addio!

(*L'abbraccia ed esce precipitosamente.*)

LUCIA (*disperata, correndo in fondo*)
Turiddu?! Che vuoi dire?
Turiddu? Turiddu? Ah!

(*Entra Santuzza*)

Santuzza!...

SANTUZZA
(*Getta la braccia al collo di Lucia*)
Oh! madre mia!

(*Si sente un mormorio lontano.*)

---

**LUCIA UND TURIDDU**

TURIDDU
Mutter,
  dieser Wein ist kräftig,
  und sicherlich
  habe ich heute zu viele Gläser
  davon hinuntergestürzt.
Ich gehe nach draußen.
Aber zuerst möchte ich
  dass Ihr mich segnet
  wie an jenem Tag
  als ich als Soldat fortging.
Und dann, Mutter, hört:
Falls ich nicht zurückkehren sollte...
Ihr müsst
  für Santa die Mutter sein,
  denn ich hatte ihr geschworen
  sie zum Altar zu führen.

LUCIA
Warum sprichst du so, mein Sohn?

TURIDDU
Oh! Nichts!
Der Wein hat es mir eingeflüstert!
Betet für mich zu Gott!
Einen Kuss, Mama, noch einen Kuss,
  lebwohl!

(*Er umarmt sie und geht hastig ab.*)

LUCIA (*verzweifelt, nach hinten laufend*)
Turiddu?! Was willst du sagen?
Turiddu? Turiddu? Ah!

(*Santuzza tritt ein*)

Santuzza!...

SANTUZZA
(*Sie wirft ihre Arme um Lucias Hals*)
Oh! meine Mutter!

(*Man hört ein fernes Murmeln.*)

DONNE *(correndo)*
Hanno ammazzato compare Turiddu!

*(Tutti gettano un grido.)*

FRAUEN *(laufend)*
Man hat Kamerad Turiddu getötet![6]

*(Alle stoßen einen Schrei aus.)*

---

[6] Die sizilianische Omertà ist ein Ehrenkodex über kriminelle Machenschaften zu Schweigen. In diesem Kontext gilt es den Namen des Mörders nicht nennen zu dürfen.

# Mit Bauernweisheiten zum Superstar
## *Die Erfolgsgeschichte von Cavalleria rusticana*

Mascagnis Erfolgsgeschichte liest sich heute wie die eines „Tellerwäschers zum Millionär". Und auch wenn sein Erfolg über Nacht kam, steckten dahinter Jahre der harten Arbeit und Aufopferung im Namen der Kunst.

Aber fangen wir von vorne an.

Pietro Mascagni kommt am 7. Dezember 1863 im toskanischen Livorno zur Welt. Sein Vater ist Bäcker, kann aber Lesen und Schreiben, eine ungewöhnliche Fähigkeit in der damaligen Zeit für einen Mann seines Standes.

In einer Zeit des aufstrebenden Bürgertums träumt er davon, seinen Kindern ein besseres Leben zu ermöglichen. Für Pietro stellt er sich eine angesehene Zukunft als Anwalt vor. Doch ebenso wie heute hatten auch im 19. Jahrhundert viele Väter für ihre Söhne diesen Wunsch, was dazu führte, dass es vielmehr Juristen gab, als die Welt welche gebraucht hätte.

Wie es sich für einen guten zukünftigen Anwalt gehört, soll sich dieser hobbymäßig mit den Künsten beschäftigen und so wird Pietro im Alter von 11 Jahren in die örtliche Schola Cantorum geschickt und erhält wenig später Klavierunterricht. Der Vater geht sogar soweit, ein gebrauchtes Klavier für den Haushalt anzuschaffen. Später erinnert sich Mascagni:

*„Schaden kann es ja nicht, wenn ein Junge Klavier lernt. Aber Gott steh mir bei, hätte er den Rest geahnt."*

Der junge Mascagni entwickelt rasch eine Leidenschaft, die über das Erwartete hinausgeht. Mit 13 Jahren verwandelt sich das harmlose Hobby in eine regelrechte Obsession: Tag und Nacht sitzt er am verstimmten Klavier, erfindet eigene Melodien oder läuft laut singend durchs ganze Haus. Dabei beginnt er, von einer ganz anderen Zukunft zu träumen als jener, die sein Vater ihm zugedacht hatte. Als der Vater erkennt, dass seine Pläne für den

Sohn in Gefahr geraten, verbietet er ihm kurzerhand jegliches weitere Musizieren.

Denn das Ansehen von Musikern war damals äußerst gering. Außer der Handvoll als Genie betrachteten Männer mit der in die Wiege gelegten goldenen Schreibfeder, wurden Musiker vor allem als gescheiterte Existenzen angesehen, welche aus der Not heraus nach dem Studium eine pädagogische Laufbahn einschlagen. Diese Stellung war sozial und ökonomisch vergleichbar, wenn nicht gar unter der eines Bäckermeisters.

Glücklicherweise tritt Mascagnis Onkel auf den Plan und macht dem Vater ein Angebot, das dieser nicht ablehnen kann: Er nimmt den Jungen bei sich auf, verschafft ihm Zugang zu den lokalen Theatern, um seinen kulturellen Horizont zu erweitern, und erlaubt ihm, so viel zu musizieren, wie er möchte.

Auch Alfredo Soffredini, Mascagnis Kompositionslehrer an der örtlichen Musikschule, erkennt sein Potenzial und ermutigt ihn, eine dramatische Kantate für Solisten, Chor und Orchester zu komponieren. Diese wird am 2. Dezember 1880, kurz vor Mascagnis 17. Geburtstag, im Stadttheater aufgeführt und macht den jungen Pietro mit einem Schlag zum Star der Kleinstadt.

Nachdem Mascagni in Livorno seinen Erfolg ausgeschöpft und hier seine Möglichkeiten begrenzt waren, ging er 1882 zum Studium nach Mailand - damals wie heute eines der kulturellen Zentren Italiens. Die Stadt beherbergt das Opernhaus La Scala, wo regelmäßig Uraufführungen von Bellini, Donizetti und natürlich Verdi stattfanden. Auch die wichtigsten Musikverlage (Ricordi, Sonzogno, Lucca) haben hier ihren Sitz: Ein Traumort für jeden angehenden Komponisten.

Nicht mit geringen Erwartungen setzt er Fuß in die Stadt, welche sich aber schnell als harte Schule erweisen soll. Während Mascagni in Livorno das unumstrittene Wunderkind war, fällt es ihm schwer in Mailand Fuß zu fassen, da die Stadt voll von Musikschaffenden Weltstars ist und keiner auf einen jungen vielversprechenden, aber völlig unerprobten und unbekannten Komponisten setzen möchte.

Außerdem protestiert er gegen den traditionellen, starren Unterricht an der Universität. Dieses Spannungsverhältnis zwischen Innovationsdrang und institutioneller Erstarrung ist kein Einzelfall. Komponist:innen, die Neues wagen wollen, sehen sich in Lehrinstitutionen häufig mit festgefahrenen Traditionen konfrontiert, auch Maurice Ravel klagt zwanzig Jahre später über genau das Gleiche.

Ganz ähnlich ergeht es seinem Mitbewohner Giacomo, welcher Komposition zwei Jahre über Mascagni am Konservatorium studiert. Beide sind mittellos in extrem bescheidenen Verhältnissen. In den kalten Wintermonaten gehen sie runter in die benachbarte L'Osteria und bestellen sich Kaffee um sich am Holzofen wärmen zu können. Ob Giacomo aus dieser Zeit die Inspiration für seine Oper *La Bohème* genommen hat? Sowohl für Puccini als auch für Mascagni soll der Welterfolg noch Jahre dauern und war in der damaligen Zeit nicht abzusehen.

Zweieinhalb Jahre kämpft sich Mascagni mühsam durch das konservative Studium. Um junge Komponisten vor vermeintlich schädlicher früher Anerkennung zu schützen, herrscht eine strenge Regel: Aufführungen außerhalb des Konservatoriums dürfen nur mit ausdrücklicher Genehmigung des Rektors stattfinden. Dies erweist sich als fatal, als Franco Faccio, der Dirigent des berühmten La-Scala-Orchesters, dem jungen Mascagni anbietet, eines seiner kleineren Werke aufzuführen: eine Gelegenheit, die der Rektor prompt verhindert.

Dieses wird eines der Erlebnisse gewesen sein, die dazu führen, dass Mascagni, nur noch ein halbes Jahr vor seinem Abschluss stehend und sich bereits 5 Semester durch die Institution schleppend, der Kragen platzt und er das einzige tut, was einem in dieser Situation noch übrig bleibt: Er geht zum Zirkus. Naja, nicht ganz. Aber fast.


Mascagni schließt sich einer reisenden Operettenkompanie an, wobei „Operette" vielleicht zu viel verspricht: Tatsächlich waren diese Wandertheater kaum mehr als lose aneinandergereihte musikalische Nummern, hastig zusammengestellt und mit kleinem Ensemble aufgeführt. Die Truppe reiste von Stadt zu Stadt, die Gage war unregelmäßig, die Verhältnisse prekär - oft zerfielen solche Kompanien mitten auf der Tour aus finanziellen

Gründen. Mehr als einmal in den zwei Jahren, die Mascagni in dieser Mischung aus Abenteuer und Fiebertraum erlebt, findet er sich allein, krank und vollkommen mittellos irgendwo in einer Provinzstadt in Italien wieder. Dennoch hat er, was er sich immer gewünscht hat: Freiheit. Ein Leben, in dem man nie weiß, wo man die nächste Nacht verbringen wird oder wem man am folgenden Tag begegnet. Ironischerweise erinnert diese Realität stark an jene Wanderbühne, die Leoncavallo wenige Jahre später in seiner Oper *Der Bajazzo* schildert – ein Werk, das noch heute oft gemeinsam mit Mascagnis *Cavalleria rusticana* gespielt wird.

Nach zwei rastlosen Jahren hat Mascagni genug vom Leben auf Wanderschaft und lässt sich mit seiner Lebensgefährtin Marcellina, die er während einer seiner Tourneen kennengelernt hat, in der Kleinstadt Cerignola nieder. Nun hat Mascagnis Suche nach Freiheit ihn genau an jenen Ort geführt, den er stets vermeiden wollte: In eine verschlafene Provinzstadt als Klavierlehrer. Aber er komponiert. In dieser Zeit entstehen ein Requiem und eine Messa di Gloria.

Ganz ähnlich wie Turiddu und Santuzza in Cavalleria rusticana leben die beiden zunächst unverheiratet zusammen – damals eine gesellschaftlich heikle Situation, die beide diskret verbergen. Denn Mascagni verdient seinen Lebensunterhalt hauptsächlich damit, junge Damen zu unterrichten – eine Tätigkeit, für die Eltern ihre Töchter äußerst ungern einem unverheirateten Mann anvertraut hätten. Erst im Februar 1889, einen Tag vor der Geburt ihres zweiten Kindes, heiraten sie still und heimlich.

Dann, im Jahr 1889, ergibt sich eine Gelegenheit, die Mascagnis Leben für immer verändern soll: Der Verlag Sonzogno schreibt einen Kompositionswettbewerb für eine einaktige Oper aus. Mascagni wittert seine Chance und bittet seinen Jugendfreund Giovanni Targioni-Tozzetti, das Libretto zu verfassen. Aufgrund des enormen Zeitdrucks holt dieser noch Guido Menasci hinzu, um das Projekt rechtzeitig fertigzustellen. Als Vorlage entscheiden sich die drei für das Schauspiel *Cavalleria rusticana* von Giovanni Verga, damals einer der wichtigsten italienischen Schriftsteller und führender Vertreter des literarischen Verismo, und bearbeiten es passend für ihre Zwecke.

Kurioserweise hat Mascagni inmitten seines plötzlichen Erfolgs versäumt, sich bei Verga die Rechte am Libretto zu sichern. Der Schriftsteller steht der Vertonung seines Werkes als Oper aber äußerst ablehnend gegenüber und besteht auf eine Entschädigung, die Mascagni schließlich tatsächlich zahlen muss (umgerechnet mehrere hunderttausend Euro nach heutigem Wert). Das Schicksal wollte es, dass Vergas Name heute nur noch wenigen Literaturkennern ein Begriff ist, während ausgerechnet die Oper, der er so ablehnend gegenüberstand, dafür sorgt, dass seine Ideen weiterleben.

Im Mai vollenden sie das Werk und schicken es an die Jury nach Rom. Insgesamt treffen dort 73 Kompositionen ein. Aus dieser Vielzahl wählt die Jury drei Finalisten, deren Werke öffentlich aufgeführt und nach der Reaktion des Publikums bewertet werden sollen.

Am 17. Mai 1890 ist es schließlich soweit: Die Premiere im Teatro Costanzi in Rom ist ein kulturelles Ereignis von höchster Bedeutung, denn Italien wartet sehnsüchtig auf neue Komponisten, die nach der großen Ära Verdis (mittlerweile 76 Jahre alt) wieder frischen Wind auf die Opernbühne bringen können. Das Theater ist bis auf den letzten Platz ausverkauft. Und nach der Aufführung bleibt kein Zweifel, wer den Wettbewerb gewinnen wird. Das Publikum tobt vor Begeisterung, Mascagni wird ganze 60 Mal vor den Vorhang gerufen, Menschen laufen euphorisch durch die Straßen und rufen: „Abbiamo un maestro!" („Wir haben einen Meister!"). Mascagni wird buchstäblich über Nacht berühmt. Innerhalb weniger Monate wird die Oper in Mailand, Berlin, Wien, London und New York aufgeführt.

Doch ist soviel Wirbel um eine einzige Oper wirklich gerechtfertigt?

Italien ist ein Opernland. Und nicht nur das - Opera made in Italy. Zwischen 1810 und 1860 produzieren Komponisten wie Bellini, Donizetti, Rossini und natürlich Verdi Opern am laufenden Band. Für ausländische Opern ist in dieser Zeit kaum Platz – selbst berühmte Werke aus dem Ausland brauchen Jahre, manchmal Jahrzehnte, bis sie überhaupt auf italienischen Spielplänen auftauchen.

Mozarts *Figaro*, Webers *Freischütz*, selbst Meyerbeers gefeierte Pariser Erfolge – sie alle mussten lange auf ihren Einzug in die italienischen Opernhäuser warten. Doch dann stirbt die alte Generation weg: 1835 Bellini, 1848 Donizetti, 1868 Rossini. Und obwohl Verdi noch bis 1901 lebt, schreibt er bis 1871 den Löwenanteil seines Werkes - 24 Opern -, in den folgenden drei Jahrzehnten entstehen nur noch zwei Opern. Für die kulturelle Identität Italiens ist das ein Bruch. Denn Oper ist zu dieser Zeit kein elitäres Nischenprodukt, sondern das Herzstück des öffentlichen Lebens – das, was heute vielleicht Netflix-Serien, Fußball und politische Talkshows für uns sind.

Die breite Masse geht in die Oper, Arien werden auf der Straße gepfiffen, arrangiert für Hausmusik oder von Drehorgelspielern auf Jahrmärkten gespielt. Oper ist das politische Sprachrohr der Zeit - Verdi gilt nicht nur als Künstler, sondern wird nach Nabucco als politisches Symbol der Freiheit gesehen. Die Opernhäuser waren das Social Media des 19. Jahrhunderts: Zentren des Austauschs, der Meinungsbildung, des Klatsches und der großen Emotionen.

Und weil nationale Kunst in dieser Zeit das Rückgrat kollektiver Identität ist, sieht man es mit wachsender Besorgnis, als ausländische Opern beginnen, die Spielpläne zu erobern. Als Cavalleria rusticana aus der Taufe gehoben wird, ist der Ausruf „Abbiamo un maestro!" mehr als nur ein Lob – es ist die Erleichterung eines Volkes, das seinen lange ersehnten Messias endlich gekommen sieht.


Nach dem Erfolg will Mascagni sich nicht auf diesen einen Opernstil festlegen. Stattdessen setzt er bewusst auf stilistische Vielfalt. In den folgenden 15 Opern, die er komponiert, experimentiert er immer wieder mit verschiedenen Formen und Ausdrucksweisen.

So ist zum Beispiel seine folgende Oper *L'amico Fritz* als bewusstes Gegenstück zur Cavalleria gedacht: Eine lyrisch-pastorale Liebesgeschichte im ländlichen Elsass. Und dennoch bleibt

Mascagni in der Sichtweise seiner Zeitgenossen und des heutigen Publikums der Komponist eines „One-Hit-Wonders". In diesem Zusammenhang wird oft die Anekdote von Königin Victoria zitiert, welche nach einer Aufführung von L'amico Fritz in Windsor höflich gefragt haben soll:

*„Signor Mascagni, wann schenken Sie uns eine neue Cavalleria?"*

Solche Sätze dürften den Komponisten schwer getroffen haben, beschränkten sie doch sein vielfältiges Schaffen auf einen kleinen Kern seiner Kunst. Da seine späteren Opern meist nur ein kurzes Bühnenleben führen und weder dem Ego noch dem Konto den erhofften Auftrieb geben, macht sich Mascagni in seiner weiteren Laufbahn außerdem als Dirigent einen Namen.

Neben seinem künstlerischen Weg ist Mascagnis politische Haltung ein Thema, das bis heute Diskussionen auslöst. Vor allem seine Rolle in der Zeit des italienischen Faschismus wirft Fragen über Anpassung, Überzeugung und die Verantwortung des Künstlers im System auf.

Anfang des 20. Jahrhunderts galt Mascagni politisch eher als liberal und zeigte sich als Sympathisant sozialer Bewegungen. So solidarisiert er sich 1920 öffentlich mit streikenden Arbeitern, die in seiner Heimatstadt Livorno eine Werft besetzt halten. Kein einfacher Startpunkt, als 1922 Mussolinis faschistische Partei die Macht übernimmt. Doch das Blatt wendet sich rasch: Mussolini ist ein begeisterter Opernliebhaber und beginnt, Kultur gezielt zur Propaganda des Regimes zu nutzen. Und Mascagni?

Obwohl ihn neuere Biografien als eher unpolitische Persönlichkeit beschreiben, lässt er sich auf das Spiel ein – wohl aus einer Mischung aus Opportunismus, Anpassungsdruck und echter Bewunderung für Mussolini. Später schreibt er sinngemäß:

*„Ich war selbst kein Faschist, doch ich diente dem Regime*
*mit Hingabe – aus Zuneigung zu seinem Führer."*

Das hat Folgen: In der Nachkriegszeit gerät ein Großteil seines übrigen Œuvres in Vergessenheit – teils aus bewusstem Boykott, teils weil sein Stil schlicht nicht mehr zum Geschmack der Opernkultur der 1950er- bis 70er-Jahre passt.

Erst ab den 1980er Jahren setzt langsam eine Neubewertung Mascagnis ein. Musikwissenschaftler und Dirigenten beginnen, sich jenseits der Cavalleria für sein Gesamtwerk zu interessieren, was zu einigen Wiederentdeckungen führt. Zwei Biografien aus dem Jahr 2001 und 2002 helfen, ein genaueres und facettenreicheres Bild des Komponisten zu schaffen.

Pietro Mascagni bleibt eine Figur voller Spannungen: ein Künstler, der mit einem einzigen Werk Musikgeschichte schrieb – und sich doch nie ganz aus dessen Schatten befreien konnte. Ein Komponist, der sich mit vollem Herzen in den Dienst der Oper stellte. Und auch wenn viele seiner Werke heute nur selten gespielt werden, hat er mit *Cavalleria rusticana* eine Oper geschaffen, die das Publikum bis heute mit ihrer dramatischen, zeitlos wirkenden Handlung beeindruckt.

## Verismo in der Oper

Mascagni wird oft als der Vater des Verismo bezeichnet, einer Gattung, die ursprünglich aus der italienischen Literatur stammt. Dort, im späten 19. Jahrhundert, meint Verismo den Versuch, die Wirklichkeit so ungeschönt wie möglich darzustellen: Leidenschaft, Gewalt und tragische Schicksale werden ohne romantische Verklärung oder moralische Wertung geschildert. Die Autoren bemühen sich dabei, selbst weitgehend unsichtbar zu bleiben – als würden sie das Geschehen durch eine klare, unverfälschte Linse beobachten und weitergeben, ohne es zu kommentieren. Und genau hier liegt der Knackpunkt.

Was in der Literatur als neutrale Beobachtung möglich ist, scheitert in der Musik an ihrem Wesen: Musik ist niemals objektiv. Sie kommentiert, deutet, verstärkt und schafft Emotion. Besonders in jenen Werken, die später als „veristisch" bezeichnet werden, verleiht die Musik dem Geschehen eine emotionale Lesart. Sie liefert einen Kontext und nimmt damit zwangsläufig Stellung. Wie kommt es dann, dass diese Operngattung als Verismo betitelt wird?

Vor allem deshalb, weil der zugrundeliegende literarische Stoff dem Verismo entspringt. Interessanterweise wird *Cavalleria rusticana* von keinem der Zeitgenossen als „veristische" Oper bezeichnet – obwohl der Begriff in der Literatur längst etabliert war.

Erst 1892, also zwei Jahre nach der Uraufführung, führt der Verleger Edoardo Sonzogno den Begriff in die Musikwelt ein: In Wien lässt er mehrere Werke aus seinem Verlag aufführen und fasst sie unter dem Titel „Verismo aus Italien" zusammen. Ist das künstlerische Überzeugung? Eine neue Ästhetik?

Wohl kaum. Es ist ein marketingtechnischer Geniestreich. Denn alles verkauft sich besser, wenn man es mit einem eigenen, magisch klingenden Gattungsbegriff versieht, der am besten gleich exklusiv bei nur einer Marke liegt.[7]

*„Was an ihren Opern realistisch genannt werden kann,*
*sind lediglich die Textbücher, die moderne, aktuelle, wenn möglich*
*etwas unappetitliche Stoffe behandeln."*

sagt schon der Zeitgenosse Richard Heuberger über veristische Opern. Was Opern „realistisch" macht, ist in Wahrheit nicht die Musik, sondern die Unverblümtheit und Echtheit der vorliegenden Geschichten. Die Musik ist per se nicht veristisch, kann aber die emotionale Wirkung der Handlung intensivieren, indem sie grelle Kontraste einbaut, welche die Drastik der Darstellung über eine bestimmte Stilisierung stellt.

Und dann bleibt es wie in jeder großen Oper:

Es ist der Text, der die Musik macht.

---

[7] An dieser Stelle bedankt sich Sapienta ganz herzlich für den Kauf des Graphic-Opera-Librettos. Dem ersten seiner Art.

# Was nicht gesagt wird
### *Das soziale Drama in Cavalleria rusticana*

Das zentrale Thema, das sich durch *Cavalleria rusticana* zieht, ist die Art und Weise, wie Menschen in kleinen Gemeinschaften zusammenleben. Alle wissen alles , aber niemand sagt etwas. Und doch machen sich alle ständig Gedanken darüber, was die anderen von ihnen denken könnten. Besonders deutlich wird das in der Szene, in der Santuzza und Turiddu von Lola unterbrochen werden, der Frau, mit der Turiddu eine Affäre hat. Die drei begegnen sich, sprechen aber nicht offen über das, was alle wissen. Stattdessen kommunizieren sie ganz bewusst mit Andeutungen, Ausweichmanövern und gegenseitigem Taktieren.

Dieses Prinzip des Ungesagten reicht bis in den Zuschauerraum. Wer sich nicht gerade zu den wenigen zählt, die mit Partitur oder Klavierauszug auf dem Schoß im Opernsessel sitzen, weiß am Anfang des Stücks gar nicht, wer da eigentlich singt. Hinter dem Vorhang erklingt ein Liebeslied, aber von wem? Nur die „Mitlesenden" wissen: Es ist Turiddu, der Lola seine Liebe erklärt. Alle anderen erleben den Moment wie die Menschen im Dorf – voller Andeutungen, aber ohne Gewissheit.

Auch am Ende bleibt vieles unausgesprochen. Das Duell zwischen Alfio und Turiddu geschieht außerhalb der Bühne. Wir sehen nichts, wir hören nur, wie eine Dorfbewohnerin durch die Straßen ruft: „Hanno ammazzato compare Turiddu!" – Man hat Turiddu ermordet.

Die Tragödie wird nicht gezeigt, sondern zur Nachricht, zum Gerücht, das durch die Gemeinschaft wandert.[8] Selten wird in *Cavalleria rusticana* etwas offen ausgesprochen, doch wenn es passiert, eskaliert die Handlung sofort. Als Santuzza Alfio von der Affäre zwischen Turiddu und Lola erzählt, bricht die angestaute Spannung auf. Alfio fordert Turiddu zum Duell heraus.

Doch auch dieser Moment der Konfrontation ist kein Ort der Wahrheit. Niemand sagt öffentlich, was eigentlich geschehen ist. Kein „Du hast mich mit meiner Frau betrogen". Stattdessen wird

---

[8] Benedikt konnte es sich allerdings nicht nehmen lassen, die Szene als Westernduell zu illustrieren.

das Duell als selbstverständlich hingenommen – als gesellschaftliches Ritual, das nicht erklärt werden muss. Das Dorf weiß, was los ist, aber niemand fragt nach. Es wird gesehen, nicht besprochen. Auch hier bleibt die Oper ihrer inneren Logik treu: Das, was wirklich zählt, geschieht im Verborgenen – oder wird nur in der Handlung spürbar, nicht in den Worten.

Mascagni verstärkt diesen Effekt, indem er seine Figuren vor allem als Rollen innerhalb eines sozialen Gefüges zeigt, weniger als eigenständige Charaktere. Sie haben keine inneren Monologe oder einen persönlichen Raum, in dem sie ihre Gedanken und Gefühle entfalten könnten. Diese werden nur dann sichtbar, wenn sie im Austausch mit anderen in Erscheinung treten. Das Innere dieser Figuren entsteht nicht durch Selbstoffenbarung, sondern durch ihre Reaktion auf die Außenwelt.

Die Angst vor dem Urteil der anderen ist allgegenwärtig. Es geht in Cavalleria rusticana nicht um persönliche Freiheit, nicht um Liebesglück oder -leid im individuellen Sinn, sondern darum, was das Dorf denkt. Der gesellschaftliche Blick ist der Maßstab für richtig oder falsch.

Das zeigt sich besonders deutlich am Duell zwischen Alfio und Turiddu. Es geht nicht etwa darum, wer Lola „bekommen" darf, die Frauen selbst werden in dieser Geschichte nicht gefragt. Stattdessen geht es um Ansehen und Ehrgefühl. Nachdem der Umstand zwischen Alfio und Turiddu aufgedeckt ist, stellt sich nicht einmal die Frage, was als Nächstes zu tun ist – so sehr ist es in der sozialen Logik verankert, dass nun ein Duell folgen muss. Dies ist unausweichlich, zumindest in der allgemeinen Vorstellung für die Wiederherstellung eines vermeintlichen Gleichgewichts.

Eine der großen Stärken von *Cavalleria rusticana* liegt darin, wie die Musik Deutung schafft – gerade in einem Drama, in dem kaum jemand offen spricht. Wo Worte fehlen oder zurückgehalten werden, übernimmt die Musik die Funktion, innere Zustände hörbar zu machen.

So lässt sich schon in Alfios erstem Auftritt ein Moment musikalischer Unruhe beobachten: Während er in der ersten Strophe seines Liedes gleichmäßig und rhythmisch sicher singt, verschiebt sich in der zweiten Strophe, in der er von seiner Frau Lola spricht, das Verhältnis zwischen Stimme und Orchester um eine Achtel. Es wirkt, als laufe plötzlich etwas nicht mehr ganz rund – „irgendetwas ist off". Die Musik lässt spüren, dass Alfio ahnt, dass etwas nicht stimmt, noch bevor er es erfährt.

Auch Turiddus Gedanken werden auf musikalische Weise dargestellt. Als er Alfio begegnet und ihn mit „Compare Alfio" anspricht, folgt nicht etwa sofort ein Redefluss, sondern ein siebentaktiges Cellosolo. Ein musikalischer Raum des Zögerns.

Was sage ich jetzt dem Mann, mit dessen Frau ich ein Verhältnis habe?

In diesem Moment übernimmt die Musik das Sprechen. Sie macht spürbar, wie Turiddu innerlich ringt, nach Worten sucht, vielleicht auch Schuld empfindet, lange bevor er schließlich den Satz „Lo so che il torto è mio" („Ich weiß, dass ich im Unrecht bin") herausbringen kann. Ein anderes Mittel, mit dem Mascagni Spannung erzeugt, ist der Kontrast. Wenn Lola, scheinbar ahnungslos, ihr Lied anstimmt, fällt dieses ungebremst in das intensive, aufgeladene Duett zwischen Turiddu und Santuzza hinein. Dieser abrupte Bruch wirkt wie ein musikalischer Reflex auf das soziale Unausgesprochene: Niemand soll in die Konflikte der anderen hineingezogen werden, jeder soll nur das sehen, was gut aussieht.

An den dramatischen Höhepunkten verzichtet Mascagni ganz auf Gesang. Wenn Santuzza Turiddu verflucht oder wenn die Nachricht vom Mord an Turiddu verbreitet wird, wird nicht mehr gesungen, sondern gesprochen. Das verstärkt die Unmittelbarkeit, reißt die Szene aus der Opernhaftigkeit heraus und lässt sie noch direkter wirken.

Die Handlung von *Cavalleria rusticana* ist radikal verdichtet. Die Oper spielt in nahezu Echtzeit und konzentriert sich auf wenige Stunden. Alles, was vor Beginn des Stücks passiert ist, wird nur in kurzen Andeutungen und Gesprächen nachgereicht.
Nur selten wird dieser enge Handlungskanal geweitet. Die Chorszenen, etwa das gemeinsame Singen mit Alfio oder das Trinklied, schaffen kleine Inseln, auf denen sich die Zeit kurz

dehnt. Sie geben dem Publikum einen Moment, um sich in die Szene einzufühlen und die Umgebung zu spüren.

Die große Ausnahme in dieser konzentrierten Erzählweise ist das Intermezzo, eine Spezialität Mascagnis, die er in mehreren seiner Opern verwendet. Es ist der einzige Moment, in dem die Bühne stillsteht. Kein Gesang, keine Handlung – nur Musik. Wie eine Werbepause mitten im Drama, doch nicht zufällig gesetzt, sondern mit klarer dramaturgischer Absicht.

Denn das Intermezzo erklingt genau in dem Moment, in dem sich die Spannung am stärksten aufgeladen hat: Alfio hat soeben Rache geschworen und macht sich auf den Weg, Turiddu zu konfrontieren. Zum ersten Mal beginnen die Figuren, wirklich Klartext zu sprechen. Und just an dieser Schwelle zur offenen Konfrontation wird die Handlung unterbrochen und Raum geschaffen für von ihr losgelöste Musik. Zum Innehalten, zum Atmen, zum Realisieren. Für einen Moment zoomt die Oper aus sich selbst heraus. Und genau dadurch werden die Erwartung und die Wucht dessen, was folgt, noch größer.

*Cavalleria rusticana* zeigt eine Welt, in der nichts offen ausgesprochen wird und doch alles unausweichlich ist. Zwischen Schweigen, Ritual und musikalischer Andeutung entfaltet sich ein Drama, das keinem konventionellen Handlungsaufbau folgt, sondern einer zwingenden, unabwendbaren Folge von Ereignissen. Gerade darin liegt seine Meisterschaft.

**Benedikt Kobel** wurde in Wien geboren und wuchs dort auf. Nach einem Gesangsstudium an der Universität für Musik und darstellende Kunst Wien führten ihn Engagements an zahlreiche Opernhäuser in Deutschland und der Schweiz. Er war festes Ensemblemitglied an der Wiener Volksoper und später an der Wiener Staatsoper. Darüber hinaus gastierte er auf internationalen Bühnen.

Neben seiner musikalischen Laufbahn ist Kobel auch als Zeichner erfolgreich: Seine Werke wurden unter anderem im Karikaturmuseum Krems ausgestellt, er publiziert regelmäßig in verschiedenen Zeitschriften und Magazinen. Bislang sind acht Bücher mit seinen Zeichnungen erschienen, darunter Prima la Musica (Amalthea).

Seit 34 Jahren ist Benedikt Kobel mit der Ballerina, Choreografin und Ballettpädagogin Elisabeth Kobel verheiratet. Das Paar hat vier gemeinsame Kinder.

**Gregor Böttcher** ist Dirigent und Gründer der Initiative Sapienta, die es sich zur Aufgabe macht, klassische Musik durch Konzerte, Publikationen und digitale Formate auf innovative Weise erfahrbar zu machen.

Als Musiker ist er überzeugt, dass Kunst, gesellschaftliches Denken und geistige Suche untrennbar miteinander verbunden sind. Seine Arbeit als Dirigent steht für eine Haltung, die Musik nicht nur als Klangereignis, sondern als Raum für Erkenntnis und Dialog versteht. So gab er zum Beispiel 2024 in der Ukraine Konzerte für den Frieden.

Weitere Konzerte führten ihn nach Litauen, Russland, Kasachstan, Deutschland und Österreich, oft im Rahmen gesellschaftlich engagierter Projekte.

Sein Studium der Orchesterleitung absolvierte er an der Universität für Musik und darstellende Kunst Wien. Er ist Stipendiat des SYLFF-Fellowships der Tokyo Foundation.

# Sapienta

ist eine Initiative, die klassische Musik durch innovative Formate neu erfahrbar macht.

Damit wir solche Projekte unabhängig, hochwertig und mit künstlerischer Freiheit realisieren können, sind wir auf Unterstützung angewiesen. Wenn Sie unsere Arbeit schätzen, freuen wir uns über eine Zuwendung. Sie helfen damit, klassische Musik als Raum für gemeinsames Erleben lebendig zu halten.

Hinter jedem Ton steckt eine Geschichte.

**Hier** geht es zum Newsletter

www.sapienta.art